BEI GRIN MACHT SICH IHR WISSEN BEZAHLT

AF140353

- Wir veröffentlichen Ihre Hausarbeit, Bachelor- und Masterarbeit

- Ihr eigenes eBook und Buch - weltweit in allen wichtigen Shops

- Verdienen Sie an jedem Verkauf

Jetzt bei www.GRIN.com hochladen und kostenlos publizieren

Bibliografische Information der Deutschen Nationalbibliothek:

Die Deutsche Bibliothek verzeichnet diese Publikation in der Deutschen National-
bibliografie; detaillierte bibliografische Daten sind im Internet über http://dnb.d-
nb.de/ abrufbar.

Impressum:

Copyright © 2015 GRIN Verlag, Open Publishing GmbH
Druck und Bindung: Books on Demand GmbH, Norderstedt Germany
ISBN: 978-3-668-07016-5

Dieses Buch bei GRIN:

http://www.grin.com/de/e-book/308491/das-konzept-extreme-programming-werte-
prinzipien-und-praktiken

Anonym

Das Konzept eXtreme Programming. Werte, Prinzipien und Praktiken

GRIN Verlag

Inhaltsverzeichnis

Abbildungsverzeichnis   **III**

1 Einleitung   **1**
  1.1 Was ist eXtreme Programming? 1
  1.2 Anmerkung zur Literatur 1

2 Bestandteile   **2**
  2.1 Werte 2
  2.2 Prinzipien 4
  2.3 Praktiken 7
      2.3.1 Primärpraktiken 8
      2.3.2 Begleitpraktiken 10

3 Nutzen   **13**
  3.1 Kundensicht 13
  3.2 Entwicklersicht 13
  3.3 Projektsicht 13
  3.4 Wirtschaftliche Sicht 14

4 Kritik   **15**

5 Schlussbemerkung   **17**

Literaturverzeichnis   **18**

Abbildungsverzeichnis

2.1   eXtreme Programming Werte (2. Auflage)[1]   2
2.2   eXtreme Programming Prinzipien (2. Auflage)[2]   4

4.1   eXtreme Programming Risiken [Rumpe and Schröder, 2001, S. 70]   16

1 Einleitung

Die nachfolgende Hausarbeit wurde im Rahmen des Moduls Software Engineering erarbeitet und hat das Ziel, die grundlegenden Bestandteile von eXtreme Programming (XP) darzustellen.

Als Kern der Ausarbeitung dient das Kapitel 2, in dem die Werte, Prinzipien und Praktiken - aufgeteilt in Primär- und Begleitpraktiken - nach der Definition von Kent Beck erläutert werden. Die kritische Betrachtung und die Schlussbemerkung vervollständigen die Hausarbeit.

1.1 Was ist eXtreme Programming?

Was ist XP? Wird Software unter extremen Bedingungen entwickelt? Wird von Entwicklern gefordert extrem schnell zu Programmieren?

XP ist eine agile Softwareentwicklungsmethode, die eine klar strukturierte Herangehensweise fordert (vgl. [Paulk, 2001, S. 1]). Dabei spielt die Disziplin der Entwickler und Kunden eine wichtige Rolle, denn beide Parteien sind für die Entwicklung von qualitativ hochwertiger Software gleichermaßen verantwortlich.

Die Grundlage von XP, nämlich die Entwicklung als einen kontinuierlichen Prozess zu sehen, der ständig verbessert und analysiert wird, lehnt an die japanische Philosophie „Kaizen" an. Der Begriff Kaizen wird aus den beiden japanischen Wörtern Kai (Veränderung) und Zen (zum Besseren) zusammengesetzt. Das Bestreben liegt nicht darin, von Grund auf Perfektion zu fordern sondern die permanente Verbesserung. Dieser in Kaizen nie endende Prozess wird dabei von allen Beteiligten gefordert. (vgl. [o. V., o J])

1.2 Anmerkung zur Literatur

Zur Erstellung der Hausarbeit wurden diverse Quellen verwendet. Es wurden sowohl Bücher als auch Artikel und Internetquellen verwendet. Der Zeitpunkt der Einsicht für die Internetquellen ist im Literaturverzeichnis für jede Internetquelle einzeln aufgeführt. Zudem befinden sich die verwendeten Internetquellen im beiliegenden ZIP-Archiv.

Für die wesentlichen Bestandteile von XP wurden [Beck, 1999] und [Beck and Andres, 2004] zur Hilfe genommen. Die beiden Bücher von Kent Beck stellen somit die Grundlage für die in dieser Hausarbeit beschrieben Eigenschaften von XP dar.

2 Bestandteile

Die drei Hauptbestandteile von XP sind Werte (Values), Prinzipien (Principles) und Praktiken (Practices). Nach Kent Beck, der diese Bestandteile maßgeblich geprägt hat, ist es wichtig auf die Werte genau hinzuweisen und diese zu verdeutlichen (vgl. [Beck and Andres, 2004, S. 45]).

2.1 Werte

Die vier ursprünglichen Werte *Einfachheit, Kommunikation, Feedback* und *Mut* wurden in der zweiten Auflage des Buches *Extreme Programming Explained: Embrace Change (2nd Edition)* von Kent Beck, wie in der Abbildung 2.1 dargestellt, um *Respekt* erweitert.

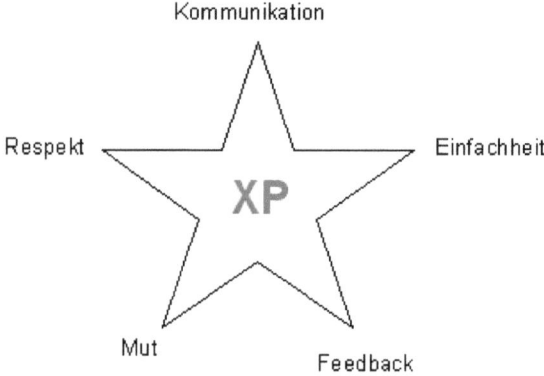

Abb. 2.1: eXtreme Programming Werte (2. Auflage)[1]

---

[1]Bild Quelle: `https://de.wikipedia.org/wiki/Extreme_Programming#/media/File:XP-Werte.png`

Einfachheit
Um Lösungen schnell und betriebswirtschaftlich effizient zu entwickeln, wird eine einfache Lösung bevorzugt, denn nur so lässt sich die Komplexität minimieren (vgl. [itemis AG, 2015, Kap. Werte von XP]). Während komplexe Lösungen oft Defizite in der Dokumentation aufweisen, bedarf eine einfache Lösung viel weniger Dokumentationsaufwand.

Kommunikation
Die Wichtigkeit des Wertes Kommunikation beschreibt Beck mit dem Satz „I wrote this one-thousend-page document because I value communication" (vgl. [Beck and Andres, 2004, S. 46]). Um das Wissen aller Projektmitglieder vollständig nutzen können, muss Kommunikation stattfinden. Oft können Probleme durch einfache Kommunikation gelöst werden, da einer der Beteiligten die Lösung des Problems bereits kennt. Bevor Missverständnisse entstehen oder mehrere Entwickler nach einer Lösung für das gleiche Problem suchen, können sogenannte *Daily Stand Up Meetings* durchgeführt werden. Inhalt dieser kurzen täglichen Gesprächsrunden sind die Klärung der folgenden drei Fragen (vgl. [Wells, 1999]):

- Was wurde gestern fertiggestellt?
- Was wird heute bearbeitet?
- Welche Probleme hatten Verzögerungen als Folge?

Feedback
Rückmeldungen vom Kunden erhöhen nicht nur die Qualität sondern fördern auch die Zusammenarbeit und die Zufriedenheit. Das Feedback gibt dem Entwickler nicht nur Vertrauen in die persönlich erbrachte Leistung sondern verringert zudem die Wahrscheinlichkeit von Fehlentwicklungen. Zusätzlich zu Rückmeldungen in persönlichen Gesprächen werden auch durch Tests Feedback an die Entwickler und Kunden vermittelt. (vgl. [itemis AG, 2015])

Mut
Die Werte Einfachheit, Kommunikation und Feedback können nur dann zum Tragen kommen, wenn sowohl die Entwickler als auch die Kunden Mut beweisen. Während einer Kommunikation können auch Themen behandelt werden, die die Anforderungen des Kunden oder Entwicklungen des Programmierers in Frage stellen. Auch kann ein Feedback negative Aspekte beinhalten, die einzelne Projektmitglieder auf Fehler hinweisen. Die Ablehnung von unmöglichen Anforderungen erfordert ebenfalls Mut. (vgl. [Klein et al., 2011, Kap. 4.2 Werte])

Respekt
Der in der 2. Auflage hinzugekommene Wert Respekt beschreibt die zwischenmenschliche Beziehung der jeweiligen Projektmitglieder. Jedes Projektmitglied respektiert sowohl die Meinungen als auch die Projektmitglieder in Person. Der respektvolle Umgang sollte nicht nur im Team

sondern auch mit dem Kunden berücksichtigt werden. (vgl. [Select Business Solutions, 2015, Kap. XP Values])

2.2 Prinzipien

Aus den Werten in Kapitel 2.1 leiteten sich in der 1. Auflage [Beck, 1999] 15 Prinzipien ab, die in der 2. Auflage [Beck and Andres, 2004] grundlegend überarbeitet wurden. Im folgenden Abschnitt werden die 14 Prinzipien, wie in der Abbildung 2.2 dargestellt, aus der Neuauflage erläutert (vgl. [Beck and Andres, 2004, S. 58 ff.]).

Abb. 2.2: eXtreme Programming Prinzipien (2. Auflage)[2]

Menschlichkeit
Da die Software von Menschen entwickelt wird, darf die Menschlichkeit nicht außer Acht gelassen werden. Ein gesundes Verhältnis zwischen Berufs- und Privatleben fördern nicht nur die Arbeitsmoral sondern steigern auch die Effizienz eines jeden Projektmitgliedes. Jedoch sollte

---

[2]Bild Quelle: https://de.wikipedia.org/wiki/Extreme_Programming#/media/File: XP-Evolution-Prinzipien.png

4

eine strikte Trennung zwischen Privatem und Beruflichen herrschen. Wie in 2.1 beschrieben, sollen Projektmitglieder untereinander nicht nur die projektspezifischen Aspekte sondern auch die menschlichen Bedürfnisse respektieren. (vgl. [Beck and Andres, 2004, S. 59-60])

Wirtschaftlichkeit

Mit dem Prinzip der Wirtschaftlichkeit beschreibt Beck die eigentliche Absicht von Softwarereprojekten, die Absicht Software gewinnbringend zu entwickeln. Dabei spielt die betriebswirtschaftliche Denkweise der Softwareentwickler die Hauptrolle, denn bei der Entwicklung entstehen Kosten. Das Ziel soll nicht nur die Deckung der entstandenen Kosten sondern auch die Erzielung von Gewinnen sein, die den wirtschaftlichen Zielen des Unternehmens entsprechen. Der Erfolg von Unternehmen ist gleichermaßen von der Kundenbindung und der Kundenzufriedenheit abhängig, zu der die Softwareentwickler den Hauptbeitrag leisten, da sie mit dem Kunden in direktem Kontakt stehen. (vgl. [Beck and Andres, 2004, S. 61])

Beidseitiger Vorteil

Zusätzlich zur betriebswirtschaftlichen Denkweise der Softwareentwickler ist auch der beidseitige Vorteil ein fundamentaler Aspekt der Wirtschaftlichkeit, denn die entwickelte Software soll sowohl die Anforderungen des Kunden erfüllen als auch dem beauftragten Unternehmen Vorteile verschaffen. Somit trägt auch der beidseitige Vorteil dazu bei Kunden langfristig zu binden. (vgl. [Beck and Andres, 2004, S. 62])

Selbstähnlichkeit

Damit das Rad nicht immer wieder neu erfunden wird, sollte versucht werden Ansätze oder Strukturen von bereits entwickelten Lösungen zu recyclen. Die Wiederverwertung bietet in dem neuen Kontext nicht zwangsläufig auch eine Lösung, kann aber als Anhaltspunkt verwendet werden. (vgl. [Beck and Andres, 2004, S. 63-64])

Verbesserungen

Software kann nicht von Grund auf perfekt und fehlerfrei entwickelt werden. Ursache hierfür können Änderungen von Anforderungen, Fehler oder Seiteneffekte sein, die zunächst nicht bekannt waren. Hinzu kommt die ständige Weiterentwicklung der Technologie, die von den Entwicklern beachtet und umgesetzt werden muss. Ein Beispiel hierfür ist die Weiterentwicklung der Prozessorarchitektur von 32 Bit auf 64 Bit. Weder der Kunde noch die Entwickler sollten die Erwartungshaltung haben, von Grund auf perfekt entwickelte Software zu erhalten. Durch die ständige Verbesserung der Software und der Behebung von Problemen entsteht ein kontinuierlicher Prozess, die zur Qualität der Entwicklung einen erheblichen Beitrag leisten. Verbesserungen können jedoch nur dann entstehen, wenn, wie in 2.1 beschrieben, die Werte Kommunikation und Feedback gelebt werden. (vgl. [Beck and Andres, 2004, S. 65])

Vielfältigkeit

Wie schon [Baginski, 2014] in ihrem Artikel „Homogene vs. Heterogene Teams" schreibt, stellen heterogene Teams eine höhere Effektivität dar, denn sie bringen unterschiedliche Kenntnisse und Fähigkeiten in die Teams ein. Die Vielfältigkeit unterstützt den Prozess der Problemlösung, erhöht dabei aber das Konfliktpotential, da mehrere Lösungsvorschläge für das gleiche Problem herangetragen werden könnten. Beck sieht darin aber eine Bereicherung, da hier die Möglichkeit besteht, sich für die beste und effektivste Lösung zu entscheiden. (vgl. [Beck and Andres, 2004, S. 66])

Reflexion

Eingespielte Teams hinterfragen und analysieren ihre Arbeitsweise. Sie reflektieren über Aufgaben und Herangehensweisen mit der Absicht aus den Erkenntnissen zu lernen. Die Erkenntnisse sollten jedoch um den emotionalen Aspekt erweitert werden, denn auch die Emotionen der Teammitglieder spielen bei der Reflexion eine große Rolle. Emotionen können die Teammitglieder an ihrer Arbeit hindern. Reflexion sollte jedoch immer mit Aktion in Verbindung stehen, denn oft wird mehr reflektiert als gehandelt. (vgl. [Beck and Andres, 2004, S. 67])

Fluss

Durch den ständigen und direkten Kontakt mit den Kunden werden die Entwicklungen laufend verändert, angepasst oder verbessert. Dies erfordert kürzere Zeitabstände und kleinere Entwicklungsabschnitte, in denen die in direkter Absprache mit dem Kunden besprochenen Entscheidungen umgesetzt werden. Hierbei entsteht ein kontinuierlicher Lauf, in der die Entwicklung stetig verbessert wird. (vgl. [Beck and Andres, 2004, S. 68])

Gelegenheit

Probleme, die in der Softwareentwicklung auftreten, sollten als Gelegenheit angesehen werden, denn diese Gelegenheiten bieten die Chance zur Verbesserung und treiben den Lernprozess voran. Diese Art der Problemlösung maximiert die Stärken und minimiert die Schwächen der Teammitglieder. Ähnlich wie aus Kritik in Feedback-Runden, die zur Verbesserung beitragen, können auch Probleme als positiv eingestuft werden, da auch diese zur positiven Entwicklung beitragen. (vgl. [Beck and Andres, 2004, S. 69])

Redundanz

Da es mehrere Lösungen oder Lösungsansätze für Probleme gibt und geben kann, sollen diese auch mit in den Entwicklungsprozess einfließen. Wenn ein Lösungsansatz oder Vorschlag nicht zum gewünschten Erfolg führt, gibt es mindestens eine weitere Lösung, die eine erfolgreiche Problemlösung darstellen könnte. Redundanz sorgt dafür, dass Probleme gelöst werden, ohne Verzögerungen entstehen zu lassen. (vgl. [Beck and Andres, 2004, S. 70])

Fehlschlag

Ein offensichtlicher Fehlschlag in der Entwicklung sollte akzeptiert und die Entwicklung abgebrochen werden. Dies bedeutet nicht, dass dieser Fehlschlag als Verschwendung angesehen werden sollte, eher als Erkenntnis, den selben Fehler im nächsten Ansatz zu vermeiden. Ein Fehlschlag kann also auch als Gelegenheit zur Verbesserung gesehen werden. Fehlschläge zu riskieren kann den potentiellen Erfolg bedeuten. (vgl. [Beck and Andres, 2004, S. 71])

Qualität

Der Grundgedanke von agilen Methoden ist durch Flexibilität qualitativ hochwertige Software zu entwickeln. Qualität kann jedoch durch Kosteneinsparmaßnahmen beeinträchtigt werden. Um dies zu verhindern, dürfen in XP die Kosten nicht als Maßstab gelten. Anders als bei klassischen Methoden wird aus Sicht der Qualität kein Endtermin festgelegt, denn durch diese Festlegung werden zeitliche Barrieren gebildet, die die Qualität beeinflussen können. Die Entwickler hätten dadurch nicht die zeitliche Flexibilität Verbesserungen vorzunehmen oder den Anforderungen des Kunden gerecht zu werden. (vgl. [Beck and Andres, 2004, S. 72])

Kleine Schritte

Die grundlegende Herangehensweise in XP sollte die Entwicklung in kleinen Teilabschnitten sein, die sowohl den Umfang der Entwicklung als auch der Tests minimieren. Der dadurch entstehende kontinuierlicher Fluss bietet zudem die Flexibilität agil auf Veränderungen oder Anforderungen des Kunden eingehen zu können. Kleine Schritte reduzieren auch die Anzahl der darin enthaltenen Fehler, deren Beseitigung deutliche Zeitersparnisse bedeuten, und minimieren die Risiken von Fehlentwicklungen. (vgl. [Beck and Andres, 2004, S. 73]).

Akzeptierte Verantwortung

Ein Entwickler, der für die Bearbeitung einer Story zuständig ist, trägt für diese auch die Verantwortung. Die Verantwortung kann nicht übertragen werden. Sie muss vom jeweiligen Entwickler akzeptiert werden. Der Entwickler hat somit die alleinige Verantwortung über das Design, der Implementierung und des Testens der Story. (vgl. [Beck and Andres, 2004, S. 74])

2.3 Praktiken

Die folgenden 13 Primär- und 11 Begleitpraktiken von Beck in der 2. Auflage von „Extreme Programming Explained - Embrace Change 2nd Edition" [Beck and Andres, 2004] ersetzen die in der 1. Auflage [Beck, 1999] vorgeschlagenen Praktiken vollständig. Das Ersetzen der ehemals aufgestellten Praktiken bedeutet nicht die Obsoleszenz dieser, denn diese werden weiterhin in Projekten aktiv umgesetzt bzw. gelebt. Die Publikation der neuen Praktiken unterstreicht die Weiterentwicklung von XP durch neue Erkenntnisse und aus der Praxis gewonnenen Erfahrungen (vgl. [Hanser, 2010, S. 37-38]).

Die zuvor erwähnten Werte und Prinzipien von XP sollen durch den Einsatz der Praktiken gefestigt werden, wobei die Primärpraktiken zuerst umgesetzt werden sollen. Die Begleitpraktiken finden in XP erst Verwendung, wenn die Primärpraktiken von allen Teammitgliedern gelebt werden (vgl. [Hanser, 2010, S. 40]).

2.3.1 Primärpraktiken

Zusammen sitzen

XP erfordert die räumliche Nähe der Entwickler zueinander, bietet aber gleichzeitig durch abgetrennte Bereiche genügend Freiraum für Privatsphäre. Durch die räumliche Nähe wird der aktive Austausch gefördert. Zudem minimiert diese Praktik die Entstehung von Missverständnissen, die beispielsweise durch falsche Interpretation von Emails entstehen könnten. (vgl. [Hanser, 2010, S. 38])

Komplettes Team

Entsprechend den Anforderung eines Projektes wird über die Zusammensetzung der Teams entschieden, denn nur so kann sichergestellt werden, dass alle Teammitglieder über die nötigen Voraussetzungen bzw. Qualifikationen verfügen und zur Erreichung der Projektziele beitragen können (vgl. [Hanser, 2010, S. 38]). Vertrauen ist ein wichtiges Kriterium für die Zusammenarbeit in Teams. Um Vertrauen unter den Entwicklern zu schaffen, empfiehlt XP die Größe der Teams im Rahmen zu halten. Ab 150 Teammitgliedern ist sowohl der Aufbau von Vertrauen als auch die Zusammenarbeit kaum noch möglich, da es nahezu unmöglich ist, dass sich alle Teammitglieder untereinander persönlich kennen (vgl. [Beck and Andres, 2004, S. 83-84]).

Informative Arbeitsumgebung

Die Arbeitsumgebung sollte als Hilfsmittel genutzt werden. User-Stories können beispielsweise an Tafeln oder Wänden angebracht werden, damit alle Teammitglieder diese zu jeder Zeit einsehen können. Dies macht nicht nur den aktuellen Stand des Projektes sichtbar sondern bietet den einzelnen Mitgliedern auch die Möglichkeit sich User-Stories anzunehmen und diese zu bearbeiten. Auch können Kunden, die vor Ort mit den Entwicklern agieren, sich ein Bild vom Projekt machen und dessen Fortschritt erkennen. (vgl. [Beck and Andres, 2004, S. 39])

Energievolle Arbeit

Energievolle Arbeit ist nur dann möglich, wenn es einen Ausgleich zwischen Arbeits- und Freizeit gibt. Die Leistung von Überstunden wird in XP nicht befürwortet, denn Überstunden sind mitverantwortlich für das Auftreten von Fehlern, die aus unkonzentrierter Arbeitsweise resultieren. Der Ausgleich fördert zudem die Motivation der Entwickler und sorgt für eine gute Arbeitsatmosphäre. (vgl. [Beck and Andres, 2004, S. 87])

Programmieren in Paaren

Das Programmieren in Paaren bietet die Möglichkeit, dass sich einer der Entwickler den inhaltlichen Teil der Entwicklung annimmt, während der Zweite die Zeit dafür nutzt Verbesserungsvorschläge zu entwickeln oder mögliche Fehler zu erkennen. Diese Art der Zusammenarbeit bietet beiden Entwicklern eine Gesamtübersicht über die Entwicklung und minimiert das Risiko Lücken entstehen zu lassen, wenn ein Entwickler das Projekt verlässt. (vgl. [Sampaio et al., 2004, S. 4])

Stories

Um die Anforderungen des Kunden zunächst aus rein fachlicher Sicht aufzunehmen, werden Karteikarten verwendet, auf den die Systemeigenschaften in Prosaform formuliert werden. Die technischen Aspekte werden hierbei völlig ausgeblendet. Im Anschluss an die Formulierung schätzen die Entwickler den zeitlichen Aufwand für die Realisierung der User-Story. Diese Schätzung ist für den Realisierungszeitpunkt innerhalb des Gesamtprojektes relevant. Um die Entwicklung zu validieren, werden gemeinsam mit den Kunden Akzeptanztests durchgeführt, die die Anforderung und die Entwicklungsergebnisse gegenüberstellen. (vgl. [Loos and Fettke, 2001, S. 17])

Wöchentlicher Zyklus

Die in [Beck, 1999] vorgeschlagenen zwei bis drei Wochen andauernden Iterationen werden in [Beck and Andres, 2004] auf eine Woche reduziert. Der zeitliche Rahmen sollte sich von Montag bis Freitag erstrecken, wobei am letzten Arbeitstag die Implementierung der User-Stories beendet sein muss. Vor Beginn der Implementierung müssen zu Beginn die zu realisierenden Stories identifiziert werden, zu denen auch die Tests entwickelt werden müssen. Im Anschluss an die Vorarbeit beginnt die eigentliche Implementierung auf Basis der bereits entwickelten Tests. (vgl. [Hanser, 2010, S. 40])

Vierteljährlicher Zyklus

Releasezyklen sollen vierteljährlich eingeplant werden, um Feedback vom Kunden zu erhalten und kürzere Reaktionszeiten für Fehlerbeseitigung zu haben. In den Releases sind alle bisher lauffähigen Teilabschnitte vorhanden und können vom Kunden getestet und geprüft werden. Die vierteljährlichen Zyklen werden auch für Gesprächsrunden mit allen Projektbeteiligten genutzt, um sowohl über das bisher Erreichte als auch über Probleme und deren möglicher Lösung zu sprechen. (vgl. [Hanser, 2010, S. 40])

Freiraum

Die Entwickler sollen ohne das Projekt aus den Augen zu verlieren auch Freiraum erhalten, in denen sie sich unabhängig vom Projektgeschehen beschäftigen können. XP erwartet durch diese gewährten Freiräume, dass die Entwickler mit neuen Ideen, die in dieser Zeit entstehen könnten oder entstanden sind, das Projekt voranbringen. (vgl. [Beck and Andres, 2004, S. 96])

Ten-Minute-Build
Eine weitere zeitliche Komponente, die XP mit sich bringt, ist der Ten-Minute-Build. Für die Erstellung eines Builds und der darauf ausgeführten Tests räumt XP zehn Minuten ein. In dieser muss das System vollständig automatisiert erstellt werden. Moderne Computersysteme mit ausreichenden Ressourcen bieten die Möglichkeit diese zeitliche Vorgabe zu realisieren. Innerhalb kürzester Zeit werden mit Hilfe der Ten-Minute-Builds Fehler oder mögliche Probleme identifiziert. (vgl. [Hanser, 2010, S. 39-40])

Kontinuierliche Integration
Entwicklung und Erstellung von Builds soll asynchron ablaufen und die Intervalle möglichst gering gehalten werden. Die kontinuierliche Integration deckt so schnell und effizient mögliche Schwachstellen oder Fehler auf, die kurz darauf behoben werden können. (vgl. [Beck and Andres, 2004, S. 98])

Test-First-Programmierung
Vor der eigentlichen Entwicklung empfiehlt XP die Erstellung von automatisierten Tests, die beispielsweise im Ten-Minute-Build zum Einsatz kommen. (vgl. [Beck and Andres, 2004, S. 99-100]).

Inkrementelles Design
Anders als bei klassischen Methoden wird das Design nicht vor der Implementierung festgelegt sondern wird den Anforderungen, die sich ändern könnten, angepasst. Inkrementelles Design bietet zudem die Gelegenheit nicht mehr benötigte Stories zu entfernen oder neue aufzunehmen. (vgl. [Beck and Andres, 2004, S. 101-102])

2.3.2 Begleitpraktiken

Echte Kundenbeteiligung
Zusätzlich zu den Feedback-Runden, die in wöchentlichen und vierteljährlichen Zyklen stattfinden, schlägt Beck vor, die Kundenbeteiligung noch stärker auszuprägen. Der Kunde entsendet hierfür einen internen Mitarbeiter, der über ein fundiertes projektspezifisches Fachwissen verfügt und das Entwicklungsteam bei der Umsetzung von Änderungswünschen oder Anpassungen unterstützt. Die direkte Einbindung des Kunden ermöglicht schnelle Reaktionszeiten und beugt Missverständnisse vor. (vgl. [Hanser, 2010, S. 45])

Inkrementelle Verteilung
Um möglichst früh Teile der neuen Entwicklung nutzen zu können, soll mit der Implementierung beim Kunden nicht auf die Fertigstellung des Gesamtprojektes gewartet sondern produktiv genutzt werden. Die Implementierung und Einarbeitung wird Schritt für Schritt

durchgeführt. Der Kunde kann bereits ab der ersten Implementierung die Software für die dafür vorgesehenen produktiven Arbeitsschritte einsetzen. (vgl. [Padberg and Tichy, 2007, Kap. 3.2.2 Inkrementelle Auslieferung])

Team-Kontinuität
Um die Effektivität zu steigern, sollen gut eingespielte Teams stets gemeinsam agieren, denn die Beziehung der Teammitglieder untereinander hat ebenfalls Einfluss auf die Zusammenarbeit. Die Produktivität wird gesteigert, wenn die einzelnen Mitglieder fokussiert ein Themengebiet bearbeiten und nicht in mehreren Projekten gleichzeitig eingesetzt werden. Fluktuationsbedingte Neueinstellungen, die nach Beck zu vermeiden sind, generieren hohe Aufwände für die Unternehmen, da die Einarbeitungsphase der neuen Mitarbeiter mit Kosten verbunden ist. (vgl. [Beck and Andres, 2004, S. 115])

Schrumpfende Teams
Teamgrößen dürfen auch während der Entwicklungsphase variieren. Sobald die Arbeitslast eines Teams sinkt und ein Teammitglied alle ihn betreffenden Stories vollständig abgearbeitet hat, sollte seine Expertise in anderen Teams Verwendung finden. Schrumpfende Teams halten die Arbeitslast stets konstant und erhöhen gleichzeitig die Arbeitsmoral, denn alle Mitglieder sind ausreichend ausgelastet. (vgl. [Beck and Andres, 2004, S. 116])

Urprungsursachen-Analyse
Auftretende Probleme sollten zeitnah behoben werden, jedoch muss vor der Behebung eine genaue Analyse stattfinden. Für eine detaillierte Analyse müssen Tests entwickelt werden, die die Fehler aufdecken und darstellen. Um ein erneutes Auftreten zu verhindern, findet nach der Behebung eine Analyse darüber statt, was die tatsächliche Ursache hierfür gewesen ist. Laut XP ist die Ursache für die Probleme meist menschlicher Natur. (vgl. [Beck and Andres, 2004, S. 117-118])

Gemeinsamer Code
Gemeinsamer Code bietet den Entwicklern die Möglichkeit zu jeder Zeit jeden Teil des Codes einzusehen oder zu bearbeiten (vgl. [Beck and Andres, 2004, S. 119]). Während ein Teil des Codes von zwei Entwicklern bearbeitet wird, darf dieser nicht von einer dritten Person bearbeitet werden. Versionskontrollsysteme protokollieren jeden Zugriff, was einen solchen Verstoß aufdecken könnte. Erst nach Fertigstellung und erfolgreichem Testen des Codes, darf dieser im Versionskontrollsystem aufgenommen werden (vgl. [Padberg and Tichy, 2007, Kap. 3.4.1 Gemeinschaftlicher Code]). Der gemeinsame Code verschafft dem Team ein Bild über das gesamte Projekt. Jeder Entwickler trägt die dabei die gesamte Verantwortung für das Projekt und den dazugehörigen Code, was den verantwortungsvollen Umgang mit dem gesamten Code sicherstellt (vgl. [Toleman et al., 2005, Kap. 4.8 Collective Code Ownership]).

Code und Tests
Code mit aussagekräftigen Kommentaren sorgt dafür, dass die Erstellung von umfangreichen Dokumentationen nicht benötigt wird. Die Programmierung des Codes und die Erstellung der dafür benötigten Tests sind die Hauptbestandteile, die sorgfältig bearbeitet werden müssen. (vgl. [Beck and Andres, 2004, S. 120])

Gemeinsame Codebasis
Die zuvor erwähnten kurzen Releasezyklen können nur dann eingehalten werden, wenn eine gemeinsame Codebasis verwendet wird, um die Builds erstellen zu können. Builds können nur dann problemlos erstellt werden, wenn die gemeinsame Codebasis von allen Entwicklern gelebt und umgesetzt wird. Die Nichteinhaltung dieser Begleitpraktik könnte dazu führen, dass die Codes aufeinander abgestimmt werden müssen. (vgl. [Beck and Andres, 2004, S. 121])

Tägliche Verteilung
Die bereits erwähnte echte Kundenbeteiligung ermöglicht den Entwicklern tägliches Feedback zu erhalten, indem sie dem Kunden den täglichen Stand der Entwicklung zur Verfügung stellen (vgl. [Beck and Andres, 2004, S. 122]). Dadurch hat der Kunde die Möglichkeit Anforderungen gegen Leistungen abzugleichen. Die tägliche Verteilung beugt zudem Fehlentwicklungen vor, da der Kunde sich unmittelbar dazu äußern kann.

Vertrag mit verhandelbarem Umfang
Der Umfang einer vertraglichen Vereinbarung in Softwareprojekten beinhaltet die Faktoren Zeit, Kosten und Qualität, wobei der Umfang nicht fixiert sondern verhandelbar ist. Der verhandelbare Umfang ermöglicht dem Kunden sich ändernden Anforderungen oder Prozessen entsprechend auszurichten und den Vertrag anzupassen bzw. zu erweitern. (vgl. [Hanser, 2010, S. 42])

Bezahlung pro Benutzung
Die eigentliche Generierung von Umsätzen erfolgt nicht etwa durch den Verkauf der Software an den Kunden sondern durch die eigentliche Nutzung der einzelnen Features. Pro Benutzung werden dem Kunden Kosten in Rechnung gestellt. Der Vorteil dieses Vertragsmodelles liegt darin, dass hierdurch die Häufigkeit der eingesetzten Features ermittelt werden kann. Die Häufigkeit gibt Aufschluss darüber, ob der Kunde mit der Nutzung des Features zufrieden ist. (vgl. [Hanser, 2010, S. 42])

3 Nutzen

In diesem Kapitel wird der Nutzen aus Kunden-, Entwickler-, Projekt- und wirtschaftlicher Sicht beschrieben. Hierbei werden anhand der Werte, Prinzipien und Praktiken von XP die Sichten und der daraus resultierende Nutzen verdeutlicht.

3.1 Kundensicht

Die im Projektverlauf aktive Ein- und Mitwirkung des Kunden schafft nicht nur Vertrauen in die durch die Entwickler geleistete Arbeit sondern verschafft zusätzlich einen Überblick über das gesamte Projekt. Der Kunde hat Einblick in den aktuellen Status und die bisher abgeschlossen Phasen. Neue, auf die Anforderungen angepasste Stories können direkt mit den Entwicklern besprochen und unmittelbar umgesetzt werden. Die Kundennähe unterstützt somit nicht nur einen effektiveren Entwicklungsprozess sondern reduziert auch den Bedarf an Zeit. (vgl. [Padberg and Tichy, 2007, Kap. 3.2.3 Kunde im Team])

3.2 Entwicklersicht

Mit Hilfe der direkten Kommunikation mit dem Kunden werden die Entwickler nicht nur entlastet sondern zusätzlich motiviert, da unmittelbare Feedbacks zur Qualität der Entwicklung beitragen. Durch die Begleitpraktik *Gemeinsamer Code* werden Entwicklern die Verantwortung über den gesamten Code übertragen. Dies schafft Vertrauen und stärkt das Verantwortungsbewusstsein. Alle Entwickler sind im Besitz der gleichen Berechtigungen und tragen gemeinsam zur Erreichung des Ziels bei, was eine Rollenverteilung obsolet macht. Die Hauptaufgabe von Entwicklern ist das Programmieren und dieser Ansatz wird in XP dadurch gefestigt, dass das Hauptaugenmerk auf der Entwicklung und nicht etwa der Dokumentation liegt. (vgl. [Hecker et al., 2015, Kap. 6.2 Programmiersicht])

3.3 Projektsicht

Softwareprojekte erfordern die Mitwirkung von Entwicklern und Kunden, die ihren Beitrag dazu leisten müssen, um das gemeinsame Ziel zu erreichen. Für die Erreichung des Ziels sind nicht nur konkrete Anforderungen von Bedeutung sondern auch die Motivation der Mitarbeiter und die Zufriedenheit der Kunden. Die Werte, Prinzipien und Praktiken von XP sorgen dafür, dass die Balance nicht aus den Fugen gerät und sichert das Projekt vor konflikt- und fehleranfälligen Entwicklungen. Ein Beispiel hierfür sind *schrumpfende Teams*, die eine konstante Auslastung der Mitarbeiter sicherstellen. Die Mitarbeiter fühlen sich also weder benachteiligt noch bevorzugt. (vgl. [Hecker et al., 2015, Kap. 6.3 Programmiersicht])

Die Zyklen, in denen dem Kunden lauffähige Funktionen zur Verfügung gestellt werden, unterstützen das Projekt zusätzlich. Sowohl der Kunde als auch die Entwickler haben zu jeder Zeit einen Überblick über bereits vollständige und noch zu vervollständigenden Stories.

3.4 Wirtschaftliche Sicht

Eine Studie von Laurie Ann Williams an der University of Utah ergab, dass das Programmieren in Paaren einen 15% höheren Bedarf an Zeitaufwand generiert. Die in dieser Konstellation erzielten Ergebnisse wiesen jedoch 15% weniger Fehler auf. Dies wird nach Williams als statistisch signifikant gewertet, da die Analyse und die Behebung der Fehler den höheren Zeitbedarf in der Programmierung deutlich übersteigen könnte. (vgl. [Williams, 2000]) Programmieren in Paaren wirkt sich somit nicht nur positiv auf die Wirtschaftlichkeit sondern gleichermaßen auch auf die Qualität aus.

Nach klassischen Methoden entwickelte Software beginnt die Analyse- und Fehlerbehebungs- phase erst nach vollständiger Fertigstellung. Wird ein Fehler entdeckt, muss der gesamte Code überprüft werden. (vgl. [Stephens and Rosenberg, 2003, S. 296]) Der dadurch ent- stehende Kosten- und Zeitaufwand steht damit nicht in Relation zu der von XP erwarteten Arbeitsweise. Der Code wird auf Basis des dafür vorgesehenen Tests entwickelt. Im direkten Anschluss können Fehler entdeckt und beseitigt werden. Dies ist nicht nur im Interesse der Entwickler oder des Kunden sondern maßgeblich für Wirtschaftlichkeit.

Die Bearbeitung von User-Stories wird so angeordnet, dass keine ungenutzten Zeitfenster entstehen, die sich auf die Kosten und den Fertigstellungszeitpunkt des Projektes auswirken. *Schrumpfende Teams* lösen die starre Festlegung von Teamgrößen, wodurch Entwickler mit Freiräumen keine negative finanzielle Auswirkung auf den Kunden haben.

Zur Absicherung des beauftragten Unternehmens werden die entstandenen Entwicklungs- und Entwicklerkosten mit der Praktik *Bezahlung pro Benutzung* zeitnah abgedeckt.

14

4 Kritik

Altersunterschiede, verteilt sitzende Teammitglieder oder Entwickler, die von ihrer Vorgehensweise überzeugt sind, können die Einführung bzw. Anwendung von XP erschweren oder gar verhindern. Langjährige Entwickler haben bereits eine eingeprägte Arbeitsweise, die sich von der Arbeitsweise der jüngeren Generation deutlich unterscheidet. Die Änderung von Prozessschritten wird nur teilweise oder gar nicht akzeptiert. Die Kommunikation zwischen Teams, die räumlich - im schlimmsten Fall sogar in verschiedenen Zeitzonen - voneinander getrennt sind, kann nur über elektronischem Weg erfolgen, wobei dies nicht mehr der direkten Kommunikation im Sinne von XP entspricht.

Einzelne Bestandteile können eine Verbesserung bewirken aber der Einsatz von XP ist nur dann zielführend, wenn alle Bestandteile zum Tragen kommen. Dies impliziert, dass das Projekt mit XP begonnen, durchgeführt und beendet wird.

Anders als bei klassischen Softwareentwicklungsmethoden existieren für XP keine wissenschaftlichen Studien, die den (Miss-)Erfolg beweisen. Rumpe und Schröder analysieren in ihrer Publikation [Rumpe and Schröder, 2001] 45 Projekte, die auf Basis von XP durchgeführt wurden. In [Rumpe and Schröder, 2001, Kap. 5.7] werden die Praktiken, die sich während der Projektdurchführung als problematisch erwiesen, dargestellt. Als wesentliche Probleme werden die Metaphern und der Kunde vor Ort genannt. Der Nutzen der Metaphern, deren Zweck die Visualisierung des Codes im bildlichen Sinne ist, konnte nicht erkannt werden. Die geografische Entfernung des Kunden zu den Entwicklern ist das zweite Problem, die von XP als Praktik empfohlen wird. (vgl. [Rumpe and Schröder, 2001, S. 64])

Zusätzlich zu den bereits genannten Problem werden, wie in Abbildung 4.1 dargestellt, die Risiken genannt, die zum Misserfolg des Projektes führen können.

Der Kunde vor Ort wird als Hauptrisiko gewertet, da die Zusammenarbeit mit einem fachlich erfahrenen und technisch unerfahrenen Vertreter des Kunden als gegensätzlich empfunden wird (vgl. [Rumpe and Schröder, 2001, S. 64]).

Trotz der Risiken und negativer Kritik erfreut sich XP wachsender Beliebtheit. Eine Umfrage von [Rumpe and Schröder, 2001, S. 74] ergab, dass 93,3% aller Teams, die Projekte mit XP abgewickelt haben, auch weiterhin den Einsatz befürworten.

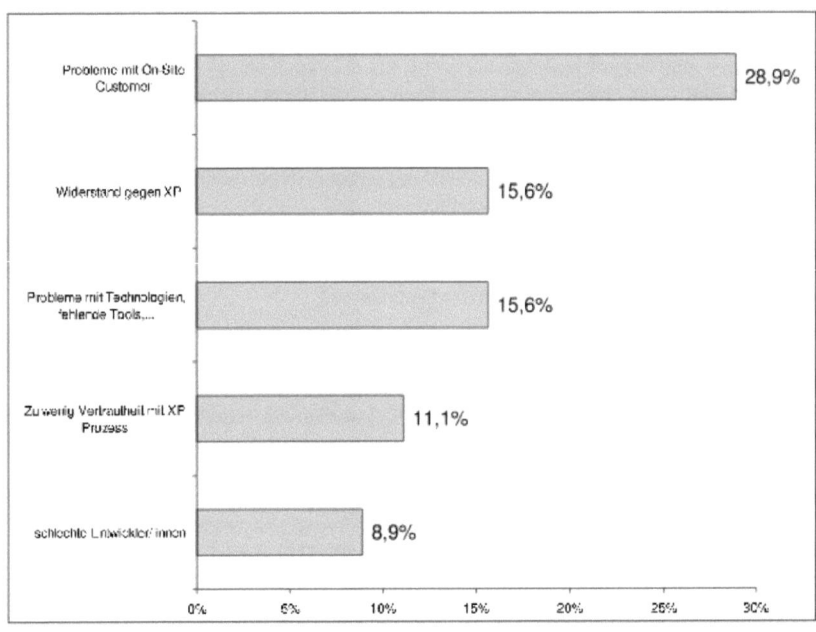

Abb. 4.1: eXtreme Programming Risiken [Rumpe and Schröder, 2001, S. 70]

5 Schlussbemerkung

Obwohl XP einige Ansätze von klassischen Softwareentwicklungsmethoden verwirft oder neu formuliert und die Vorgehensweise chaotisch wirkt, hat es in den vergangenen Jahren immer mehr an Bedeutung gewonnen. Es werden beispielsweise keine Flussdiagramme erstellt sondern mit Karteikarten gearbeitet, die sichtbar am Arbeitsplatz positioniert werden.

Da XP 1999 zum ersten Mal eingesetzt wurde, gilt dieser Ansatz als einer der jüngsten Softwareentwicklungsmethoden. Folglich existieren weder konkrete Studien noch fundamentierte Aussagen darüber, welche Erfolgschancen XP in Projekten zugesprochen werden kann.

Ob für die Realisierung eines Projektes XP eingesetzt werden kann, muss von Fall zu Fall entschieden werden. In der Literatur heißt es, dass XP nur dann erfolgversprechend eingesetzt werden kann, wenn ausnahmslos alle Werte, Prinzipien und Praktiken eingehalten und bedingungslos gelebt werden. Oft kann es schon daran scheitern, dass die Arbeitsumgebung nicht den Anforderungen von XP gerecht wird, da die Entwickler an unterschiedlichen Standorten stationiert sind. Die Kommunikation würde hierbei kaum bzw. nicht der Idee der agilen Methode entsprechen.

Alle zu XP verfügbare Literatur basiert auf den Erkenntnissen von Kent Beck, die in den Büchern [Beck, 1999] und [Beck and Andres, 2004] veröffentlicht wurden. Zwar gibt es kritische Betrachtungen, die aber von positiven Erfahrungsberichten im Projektumfeld wieder teilweise verworfen werden.

Dennoch bietet der Einsatz der recht jungen Softwareentwicklungsmethode bei vollständiger Anwendung aller Werte, Prinzipien und Praktiken die Möglichkeit qualitativ hochwertige Software mit wirtschaftlich attraktivem Ansatz zu produzieren.

Literaturverzeichnis

[Baginski, 2014] Baginski, L. (2014). Homogene vs. heterogene teams. http://www.lenabaginski.de/homogene-vs-heterogene-teams/. [Eingesehen am 16. August 2015].

[Beck, 1999] Beck, K. (1999). *Extreme Programming Explained: Embrace Change*. Addison-Wesley Publishing Company.

[Beck and Andres, 2004] Beck, K. and Andres, C. (2004). *Extreme Programming Explained: Embrace Change (2nd Edition)*. Addison-Wesley Professional, Boston.

[Hanser, 2010] Hanser, E. (Heidelberg : Springer Berlin Heidelberg, 2010). *Agile Prozesse Von XP über Scrum bis MAP [Elektronische Ressource]*, volume 0 of *eXamen.press*. Springer Berlin Heidelberg, Berlin and Heidelberg.

[Hecker et al., 2015] Hecker, J., Matic, A., and Pogolski, C. (2014/2015). Extreme programming (xp). http://image.informatik.htw-aalen.de/Thierauf/Seminar/Ausarbeitungen-14WS/ExtremeProgramming.pdf. [Eingesehen am 15. August 2015].

[itemis AG, 2015] itemis AG (2015). Extreme programming (xp). http://www.scrum-compact.com/fundamentals-of-project-management/extreme-programming-xp/. [Eingesehen am 15. August 2015].

[Klein et al., 2011] Klein, C., Klein, M., and Günther, M. (2011). Beschreibung und analyse von extreme programming. http://winfwiki.wi-fom.de/index.php/Beschreibung_und_Analyse_von_Extreme_Programming. [Eingesehen am 15. August 2015].

[Loos and Fettke, 2001] Loos, P. and Fettke, P. (2001). Towards an integration of business process modeling and object-oriented software development. In *The Proceedings of the Fifth International Symposium on Economic Informatics*.

[o. V., o J] o. V. (o. J.). Kaizen - kontinuierlicher verbesserungsprozess. http://www.wirtschaftslexikon24.com/d/kaizen/kaizen.htm. [Eingesehen am 03. August 2015].

[Padberg and Tichy, 2007] Padberg, F. and Tichy, W. F. (2007). Schlanke produktionsweisen in der modernen softwareentwicklung. *Wirtschaftsinformatik*, 49(3):162–170.

[Paulk, 2001] Paulk, M. C. (2001). Extreme programming from a cmm perspective. *IEEE Software*, 18(6):19–26.

[Rumpe and Schröder, 2001] Rumpe, D. B. and Schröder, A. (2001). Quantitative untersuchung des extreme programming prozesses. In *Quantitative Untersuchung des Extreme Programming Prozesses*, München. Institut fÃ¼r Informatik der technischen Universität München.

[Sampaio et al., 2004] Sampaio, A., de Vasconcelos, A. M. L., and Sampaio, P. R. F. (2004). Assessing agile methods: An empirical study. *J. Braz. Comp. Soc.*, 10(2):22–41.

[Select Business Solutions, 2015] Select Business Solutions, I. (2015). What is extreme programming? (xp). http://www.selectbs.com/process-maturity/ what-is-extreme-programming. [Eingesehen am 16. August 2015].

[Stephens and Rosenberg, 2003] Stephens, M. and Rosenberg, D. (2003). *Extreme Programming Refactored: The Case Against XP*. APress L. P.

[Toleman et al., 2005] Toleman, M., Darroch, F., and Ally, M. A. (2005). Web publishing: An extreme, agile experience. In Baskerville, R. L., Mathiassen, L., Pries-Heje, J., and DeGross, J. I., editors, *Business Agility and Information Technology Diffusion*, volume 180 of *IFIP*, pages 245–256. Springer.

[Wells, 1999] Wells, D. (1999). Daily stand up meeting. http://www. extremeprogramming.org/rules/standupmeeting.html. [Eingesehen am 15. August 2015].

[Williams, 2000] Williams, L. A. (2000). *THE COLLABORATIVE SOFTWARE PROCESS*. dissertation, University of Utah.